# CHANSONNIER

DU

## JOUR DE L'AN.

IMPRIMERIE DE DENUGON.

Que l'ange du Seigneur garde tes cheveux blancs,
Dieu, pour se faire aimer, doit prolonger tes ans.

# CHANSONNIER

DU

## JOUR DE L'AN,

OU

Recueil de complimens en vers et de couplets pour la nouvelle année;

Adressés à des père, mère, oncle, tante, parrain, marraine, bienfaiteurs, maîtres de pension, etc., etc.

SUIVI DE COMPLIMENS EN PROSE.

PARIS,

CHEZ LOCARD ET DAVI, LIBRAIRES,
QUAI DES GRANDS-AUGUSTINS, N° 3.

ET M.me LÉCHARD, RUE HAUTEFEUILLE, N° 3.

1821.

# CHANSONNIER

DU

## JOUR DE L'AN.

### LA VISITE AU GRAND-PAPA.

COUPLETS CHANTÉS PAR SON PETIT-FILS.

Air : *V'là c' que c'est qu' d'aller au bois.*

Janvier commence, et nous voilà.
Nous l'aimons tant c' cher grand-papa !
Cet heureux jour à peine brille,
    Que l' gendre, la fille,
    Et tout' la famille
Dispute à qui le mieux lui dira :
Nous l'aimons tant c' cher grand-papa !

Dispute à qui l' mieux lui dira :
Nous l'aimons tant c' cher grand-papa !
Ma petit' sœur à notre tête,
    D'un air de conquête
    A chanter s'apprête,
S'embrouille et n' trouv' que ce r'frain-là :
Nous l'aimons tant c' cher grand-papa !

S'embrouille et n' trouv' que ce r'frain-là :
Nous l'aimons tant c' cher grand-papa!
Papa rit de sa piteuse grimace.
 L'enfant avec grâce
  S'élance, l'embrasse
Et dit : J' m'acquitt'rai bien mieux d' ça :
Nous l'aimons tant c' cher grand-papa!

Ell' dit : J' m'acquitt'rai bien mieux d' ça :
Nous l'aimons tant c' cher grand-papa!
Là-d'ssus not' cœur à tous s'agite :
  Bien vite
  On l'imite ;
 On se précipite
Dans ses bras qu'il nous tend déjà :
Nous l'aimons tant c' cher grand-papa!

Dans ses bras qu'il nous tend déjà :
Nous l'aimons tant c' cher grand-papa!
Ça fait une espèce d' cohue.
 L'âme toute émue,
  Chacun perd de vue
Complimens, vœux, et cætera :
Nous l'aimons tant c' cher grand-papa!

# LES ÉTRENNES DE LA GRAND'-MAMAN.

COUPLETS CHANTÉS PAR SA PETITE-FILLE.

Air : *Le premier pas.*

Bonne maman,
 A toute la famille
Dans ce beau jour je sers de *truchoman*.
Quoiqu'en ces vers aucun talent ne brille,
Vous écoutez votre petite-fille,
 Bonne maman.   [*bis.*]

Bonne maman,
 Pour nous être bien chère,
Vous possédez maint titre différent :
Nous vous devons une excellente mère ;
Autant qu'un fils vous aimez notre père,
 Bonne maman.

Bonne maman,
 Avec quelle indulgence
De nos défauts vous réprimez l'élan !
Que de bienfaits versés sur notre enfance !
Combien d'avis, de soins, de bienveillance
 Bonne maman !

Bonne maman,
C'est la nouvelle année
Qui nous ménage un moment si charmant;
Selon nos vœux, puisse la destinée
Cent fois nous rendre une telle journée,
Bonne maman !

## A UN BIENFAITEUR
### OU UNE BIENFAITRICE.

Air : *Je suis Lindor.*

Au jour de l'an écoutez mon langage :
A vous offrir je n'aurais rien de mieux ;
Vous le voyez, je ne suis pas bien vieux,
Et l'ignorance est encor mon partage.

J'ai pour tout bien un cœur qui vous honore,
Un cœur rempli de vos bienfaits si grands ;
Mais il palpite, et d'un plus heureux temps
Déjà d'avance il entrevoit l'aurore.

Oui, je l'espère, en avançant en âge
Dans le savoir aussi je grandirai ;
Et des talens qu'à vos soins je devrai,
Je serai fier de vous rendre l'hommage.

# ÉTRENNES A UN PÈRE ADOPTIF.

Air : *Tout Paris connaît ma boutique.*

De mon amour prenez ce gage
Que j'ose à peine vous offrir ;
On pourrait donner davantage,
Mais pas avec tant de plaisir :
  Quelque soin qu'on prenne,
  Près d'un bienfaiteur,
  La meilleure étrenne
  Est l'hommage du cœur.

Plus facilement je respire,
Car mon hommage est accepté,
Si j'en juge par ce sourire,
Par cet accueil plein de bonté.
  Quelque soin, etc.

Votre enfant, dès-lors trop heureuse,
N'a plus qu'à former des souhaits
Pour cette main si généreuse
Qui sur elle épand les bienfaits.
  Quelque soin, etc.

Son amitié vive et sincère
N'ambitionne rien de plus,
Si votre bonheur, ô mon père,
Égale jamais vos vertus!
 Quelque soin qu'on prenne,
 Près d'un bienfaiteur,
 La meilleure étrenne
 Est l'hommage du cœur!!!

# COUPLETS

A UN PARENT, UNE MARRAINE, UN BIENFAITEUR.

Air : *Une fille est comme une rose.*

Dans nos climats la bienfaisance
Errait sans culte et sans autels,
Et perdait jusqu'à l'espérance
De se fixer chez les mortels;
Mais trouvant ce séjour tranquille
Un jour la déesse en fit choix,
Et vit bientôt dans cet asile
Refleurir ses aimables lois.

Mon amour, ma reconnaissance,
De vos dons sont le faible prix ;
Mais d'exprimer ce que je pense
Les moyens me sont interdits.
Ah ! daignez par votre suffrage
Animer mes faibles accens,
Et voir dans ces couplets le gage
De mes éternels sentimens.

## ÉTRENNES A DES PÈRE ET MÈRE.

Air : *Le premier pas.*

Au jour de l'an,
  Si le fils le plus tendre
Vient embrasser son papa, sa maman,
Sur son motif n'allez pas vous méprendre :
Pour vous aimer il était loin d'attendre
  Le jour de l'an.

Au jour de l'an
  Trop vive est mon ivresse
Pour que j'adopte une méthode, un plan :
A le fêter cependant je m'empresse,
Et je voudrais voir renaître sans cesse
  Le jour de l'an.

Au jour de l'an,
Tout ce que je désire,
C'est l'amitié de papa, de maman :
Oui, votre cœur, j'ose ici vous le dire,
Est le seul prix où votre fils aspire
Au jour de l'an.

ÉTRENNES D'UN PARRAIN.

Air : *Vous qui d'amoureuse aventure.*

Au gré de mon impatience,
Voici le jour
Qu'attendaient ma reconnaissance
Et mon amour.
Je ne saurais être bornée
Dans mon dessein :
Que j'aime la nouvelle année,
Mon cher parrain !

Je n'y sais pas mettre en usage
Les fictions :
Je n'emprunte point le langage
Des passions;
Sans apprêt, sans art, sans emblême,
Je veux enfin
Dire ici seulement que j'aime
Mon cher parrain.

Pour accorder avec la rime,
　　Le sentiment,
Peut-être aussi que je m'exprime
　　Trop simplement.
Mais sans remarquer la faiblesse
　　De mon refrain,
N'envisagez que ma tendresse,
　　Mon cher parrain.

## LE POUVOIR ET LA VOLONTÉ.

Air : *On va toujours grand train.*

Extrême est la différence
Entre pouvoir et vouloir.
Je venais dans l'espérance
De bien remplir un devoir :
Mais on fait ce qu'on peut
Quand le nouvel an commence ;
Mais on fait ce qu'on peut,
On ne fait pas ce qu'on veut.

Je voulais de fleurs nouvelles
Former un joli bouquet ;
Joindre aux roses les plus belles
Ou le jasmin, ou l'œillet :

Mais on fait ce qu'on peut;
Je n'ai que des immortelles;
Car l'on fait ce qu'on peut,
On ne fait pas ce qu'on veut.

J'avais, pour ce jour de fête,
Voulu faire un compliment;
Mais toujours la rime arrête
En chemin le sentiment.
On fait ce que l'on peut,
Quand on n'est pas né poëte;
On fait ce que l'on peut,
Et non pas ce que l'on veut.

## COMPLIMENT A VOLONTÉ,
#### CHANTÉ PAR UN ENFANT.

Air *de l'incognito.*

Que si j'avais quelque richesse,
En ce beau jour, je te l'offrirais bien !
Mais, hélas ! telle est ma détresse
Que je ne dispose de rien.
Je voudrais vite échapper à l'enfance,
Pour t'offrir le tribut heureux
Des qualités que mon adolescence
Acquerra sous tes yeux.

# LA QUERELLE D'AMITIÉ,

### DIALOGUE

### ENTRE LE FRÈRE ET LA SOEUR,

Pour les étrennes de leur père ou de leur mère.

#### JUSTINE.

Je te le dis : c'est moi que tout cela regarde.

#### AUGUSTE.

C'est plutôt moi ; l'aîné des deux !

#### JUSTINE.

Un moment, mon frère : prends garde
Qu'à mon sexe tu dois le respect.

#### AUGUSTE.

                        Je le veux,
Tant qu'il ne s'agit pas de fêter notre père. (1)

#### JUSTINE.

L'occasion ne fait rien à l'affaire ;
De céder c'est le vrai moment.

#### AUGUSTE.

J'y serai disposé, ma chère,
Quand j'aurai dit le compliment.

---

(1) *Ou* notre mère.

JUSTINE.

En ce cas, j'ai le temps d'attendre.

AUGUSTE.

Pas tant; car je le sais déjà de point en point:
Il ne tient qu'à toi de l'entendre.

JUSTINE.

Je gage ne pas m'y méprendre.

AUGUSTE.

Je te donne gagné : tu ne le diras point.

JUSTINE.

C'est ce que nous verrons, mon frère.

AUGUSTE.

C'est ce que nous verrons, ma sœur.

JUSTINE.

Par ce refus rempli d'aigreur,
Dont je pénètre le mystère,
Si vous me donnez de l'humeur!...

AUGUSTE, *ironiquement.*

Vraiment! cela me désespère!
Mais je tiens fort à mon projet.

JUSTINE.

Pensez-vous qu'au mien je renonce?

AUGUSTE.

Bon! cela devrait être fait.

JUSTINE.

Et c'est donc là votre réponse?

AUGUSTE.

On ne m'accuse pas d'aimer le changement...

JUSTINE, *sèchement*.

Quand il choque votre caprice.

AUGUSTE, *piqué*.

Bien !

JUSTINE, *radoucie*.

Pour que tout cela finisse
Veux-tu faire un arrangement?

AUGUSTE.

Oui, si je dis le compliment.

JUSTINE.

Bon Dieu ! tu le diras de reste,
Même en faisant, par amitié,
L'effort de m'en céder moitié.

AUGUSTE.

Moitié de chaque vers? La peste !
Nous verrons ce soir du nouveau !

JUSTINE.

Étourdi !... finis-tu de rire !
Oui, vraiment, cela serait beau !
Mais ce n'est pas ce que j'ai voulu dire.

AUGUSTE.

Tâche donc de t'expliquer mieux.

JUSTINE, *amicalement.*

Que sert une semblable lutte?
Ce compliment si précieux,
Que chacun de nous se dispute,
N'est que l'expression des vœux,
Des sentimens communs à tous les deux.
Eh bien! tous deux, sans débats, sans emphase,
Récitons-en, tour-à-tour, une phrase:
Tu verras qu'il n'ira point mal.

AUGUSTE.

Non, non : c'est trop original.

JUSTINE.

Ah! mon frere, je t'en supplie!

AUGUSTE.

Je voudrais partager ces vers;
Mais!...

JUSTINE.

Point de mais!...

AUGUSTE.

Pure folie!
Nous le dirons tout de travers.

JUSTINE.

Essayons : nous serons à même
De disputer encor après,
Si tu n'approuves mon système.

AUGUSTE.

Je doute beaucoup du succès ;
Cependant je veux, en bon frère ;
Te céder, même sans regrets :
Allons ! c'est toi qui, la première,
De compliment feras les frais.

JUSTINE, *à son père.*

« Au nouvel an, selon l'antique usage,
» Nous n'allons pas te faire un étalage
» De sentimens préparés à loisir.

AUGUSTE.

» Chacun de nous préfère, au vain plaisir
» De déployer une fausse éloquence,
» Celui si doux d'exprimer ce qu'il pense,
» Sans te flatter, comme sans ornement.

JUSTINE.

» Pour nous, t'aimer est un devoir charmant ;
» Te le prouver est une douce ivresse :
» Puissions-nous la goûter sans cesse !

AUGUSTE.

» Puissent tes jours, dans la félicité,
» Les plaisirs purs, le repos, la santé,
» Se succéder à jamais sans nuage !

JUSTINE.

» Que ce bonheur, surtout, soit notre ouvrage ;

» Et nous serons nous-mêmes trop heureux.

### AUGUSTE.

» Dès ce moment rien ne manque à nos vœux,
» Si le tableau de notre amour sincère,
» Si nos transports ont le don de te plaire. »

## COUPLET D'ÉTRENNES A UN PÈRE,

PAR UN TOUT PETIT ENFANT.

Air : *Mon cher ami Tarare, poupon.*

Ton fils } en ce beau jour
Ta fille }
N'a pas besoin, mon père,
Qu'une voix étrangère
T'exprime son amour.
Il peut déjà lui-même (1)
Peindre cet amour-là
En te disant je t'aime,
  Papa.

---

(1) Si c'est une petite fille :

 Elle peut elle-même.

## DON D'UN PORTRAIT.

Air : *La foi que vous m'avez promise.*

Daigne accepter, ô mon amie,
Ce gage léger de ma foi :
Tu me donnes plus que la vie ;
Et je ne te donne que moi.
Encor cette froide peinture
Ne peut plaider en ma faveur ;
Car elle t'offre ma figure,
Et ne te montre pas mon cœur.

Heureux portrait ! sa destinée
Est d'habiter soir et matin
La chambre de ma bien-aimée,
Ou de se placer sur son sein.
Quelque transport de jalousie
Qu'il inspire à l'original,
Puissé-je auprès de mon amie
N'avoir jamais d'autre rival !

Loin de toi lorsque je soupire,
Ah ! s'il savait te rappeler
Mes regrets, mon brûlant délire !
Mais, hélas ! il ne peut parler :

Oui, pour te peindre ma tendresse
Par un gage plus éloquent,
J'aimerais mieux, dans mon ivresse,
Te donner mon portrait parlant.

## ÉTRENNES ENFANTINES.

Air : *Ne v'là-t-il pas que j'aime.*

Des vœux ardens pour ton bonheur
   Forment tout mon hommage :
C'est peu ; mais ils partent du cœur :
   En faut-il davantage ?

## A UN PÈRE OU UNE MÈRE.

Air : *Si Dorilas n'en parlait guère.*

Guidé par l'espoir de te plaire,
Je puis donc en cet heureux jour
T'exprimer, ô { ma / mon } tendre { mère ! / père ! }
Les vœux constans de mon amour !

De la félicité suprême
Goûte sans cesse la douceur;
Et tu verras le fils qui t'aime
Heureux de ton propre bonheur.

## A UNE MARRAINE.

Air : *J'ai vu Lise hier au soir.*

Jour de l'an, jour trop heureux,
　Qui vers ma marraine
Toujours plus respectueux
　Parfois me ramène,
Pourquoi le destin jaloux
Rend-il si rares pour nous
Ces momens si courts, si doux,
　Qu'il fait naître à peine ?

## LES ÉTRENNES DE L'AMITIÉ.

Air : *J'étais bon chasseur autrefois.*

Le jour de l'an dans ta maison
Est celui d'une grande fête :
Permets aussi que, sans façon,
A la célébrer je m'apprête.

Mes vœux ardens peuvent s'unir
A ceux de ton fils, de ta fille,
Puisque je prends part au plaisir
Que ressent toute la famille.

Environné de tes enfans,
Que ton sort est digne d'envie !
Des transports si vifs, si touchans,
Font tout le charme de la vie.
Si l'on interroge ton cœur
( Aussi bien qu'un autre il babille ),
Il répondra : « Tout mon bonheur
« Est dans le sein de ma famille. »

Celui qui peut voir entre nous
Régner une telle harmonie,
Ému d'un spectacle si doux,
Sent déjà son âme attendrie :
C'est que dans ces heureux momens
Sur tous les fronts la gaîté brille...
Si l'amitié fait les parens,
Nous sommes tous de la famille.

# HOMMAGE FILIAL.

Air : *J'ai vu partout dans mes voyages.*

L'an recommence sa carrière :
Pour célébrer un si beau jour,
Je veux te donner, ô { ma mère,
{ mon père,
De nouvelles preuves d'amour :
Mais, quoi ! je t'aimais l'autre année ;
Cette année encor te chérir ;
C'est en suivant sa destinée
N'avoir rien de neuf à t'offrir.

Eh ! qu'importe ! accepte ce gage :
En te peignant ma vive ardeur,
Loin de suivre un pénible usage,
J'écoute la voix de mon cœur.
C'est peu pour mon amour extrême ;
Mais dans cet hommage imparfait
Tu verras moins le don lui-même
Que le sentiment qui l'a fait.

# LES VŒUX DE TOUS.

#### A UNE PERSONNE BIENFAISANTE.

Air : *Ah! rendez grâce à la nature.*

Au jour de l'an, ne peut-on pas
Chanter un peu ce que l'on aime?
Mais sans talent, je crains, hélas!
De montrer une audace extrême.
Pourtant ce faible écart d'esprit
Ne mérite pas qu'on le fronde :
Ou bien, ou mal, je n'aurai dit
Que ce que dirait tout le monde.

Je chanterai votre bon cœur,
Votre esprit, votre bienfaisance,
Votre gaîté, votre douceur,
Vos talens et votre indulgence.
Jusqu'à ce point, sans contredit,
Je redoute peu qu'on me fronde:
Dans tout cela je n'aurai dit
Que ce que dirait tout le monde.

Je veux par un tendre souhait
Mettre fin à ma chansonnette.
Vous désirer bonheur parfait,
Est-ce une demande indiscrète?

Former des vœux pour que chez vous,
Biens, santé, plaisirs, tout abonde,
C'est bien s'exprimer, entre nous,
Comme ici le fait tout le monde.

## A UN ONCLE OU UNE TANTE.

Air : *Comment goûter quelque repos.*

Près de vous { mon oncle / ma tante } en ce jour,
Guidé par ma vive tendresse,
Je viens fêter avec ivresse
Du nouvel an l'heureux retour.
Pour prix de tant de bienveillance,
De soins, de soucis, d'embarras,
Mon hommage se borne, hélas !
Aux vœux de ma reconnaissance.

# RONDE

#### POUR LES ÉTRENNES, (1)

A UN PÈRE OU A UNE MÈRE DE FAMILLE.

Air : *Tout Paris connait ma boutique.*

Nous n'avons qu' du zèle ;
Mais ne craignons rien ;
Lorsque l' cœur s'en mêle
On s'en tir' toujours bien.

EN CHOEUR.

Nous n'avons qu' du zèle, etc.

Fiers du sujet qui nous rassemble,
Chers amis, dans cet heureux jour,
Fêtons, célébrons tous ensemble
L'amitié, l'estime et l'amour.

EN CHOEUR.

Nous n'avons qu' du zèle, etc.

---

(1) On se partage ces couplets, et l'on en répète en chœur le refrain.

Nous venons {papa / maman} rendre hommage
Aux sentimens qu'on a pour vous :
C'est comme un tribut de l'usage ;
Mais d' vous l' rendre il nous est bien doux.

EN CHOEUR.

Nous n'avons qu' du zèle, etc.

Papa / Maman } sous votre aimable empire,
Nous passons les jours les plus beaux.
Vous aimer et sans cess' le dire
Sont des plaisirs toujours nouveaux.

EN CHOEUR.

Nous n'avons qu' du zèle ;
Mais nous n' craignons rien ;
Lorsque l' cœur s'en mêle
On s'en tir' toujours bien.

A UN PARRAIN.

Air : *Prenons d'abord l'air bien méchant.*

Heureux en un parrain chéri
De retrouver un second père :
Je forme des vœux pour l'ami
Que m'a donné le sort prospère ;

3.

A lui tout mon être est lié,
Pour jamais j'en ai l'assurance =
Entre nous règnent l'amitié,
L'éstime et la reconnaissance.

Je n'aurais rien à désirer
Si, par mes soins et ma tendresse,
Je pouvais un jour espérer
De rendre heureuse sa vieillesse.
Mais, las! inutiles souhaits!
Il a trop fait pour mon enfance;
Et pour payer tant de bienfaits
Je n'ai que ma reconnaissance.

## UN ENFANT,

A SON PÈRE OU SA MÈRE.

Air: *Réveillez-vous, belle endormie.*

Auprès de toi { ma / mon } tendre { mère, / père, }
Le cœur plein d'un sincère amour,
Je viens fêter, à ma manière,
Du jour de l'an l'heureux retour.

Hélas ! mon unique richesse
Se borne à ce cœur seulement :
Mais par bonheur une caresse
Te plaît mieux qu'un riche présent.

Loin de nous l'art et l'imposture ;
Les plus beaux vers ne valent pas
Les doux transports de la nature,
Le plaisir d'être dans tes bras !

Des yeux tu connais le langage :
Dans les miens lis ce que je sens,
Et conserve-moi d'âge en âge
Ton amour, tes soins caressans.

## A UN PARRAIN.

CADEAU D'UN VASE DE PORCELAINE, PAR UN JEUNE ENFANT.

Air : *Lorsque vous verrez un amant.*

Qu'il me semblait long à venir
Ce jour consacré par l'usage,
Mon cher parrain, pour vous offrir
De mes vœux ce trop faible gage !

Fragile et presque sans valeur,
Il peint mal mon amour sincère ;
Mais il est donné de bon cœur,
C'est un sûr moyen de vous plaire.

## ÉTRENNES,

POT-POURRI.

A UNE PERSONNE BIEN CHÈRE.

Air : *Jeune fille est comme une rose.*

On dit que la nouvelle année
Ranime un tendre sentiment :
Vain détour, fable imaginée
Par des cœurs épris faiblement !
Cette époque toujours si belle
N'a droit de plaire, selon moi,
Que comme occasion nouvelle
D'exprimer ce qu'on sent pour toi !

Air *d'Arlequin afficheur.*

L'usage, en des momens si doux
Voudrait un plus solide hommage ;
Mais parfois le destin jaloux
N'est pas d'accord avec l'usage.

Peut-être a-t-il cru me ravir
Mon bonheur avec ma richesse :
Qu'il m'empêche donc de t'offrir
Les vœux de ma tendresse !

Air : *Pour la baronne.*

Pour les étrennes
Un cœur se donne, on le sait bien ;
Pour tes étrennes
Tu n'auras pourtant pas le mien.
J'ai mes raisons, chacun les siennes.
Peut-on disposer de ton bien,
Pour tes étrennes ?

## ÉTRENNES SANS CADEAU,

PAR UN ENFANT.

Air : *De la piété filiale.*

Chacun, dit-on, au jour de l'an
Reçoit et donne des étrennes :
Sans t'en offrir, je compte sur les miennes.
Je les aurai ; n'est-il pas vrai, maman ?

Mais sais-tu ce que je préfère ?
Un baiser donné de bon cœur.
Rien en ce jour, rien ne porte bonheur
Comme le baiser d'une mère.

## LES EMBARRAS DU JOUR DE L'AN,

#### COUPLETS.

Air : *J'ai vu partout dans mes voyages.*

On sait qu'à la nouvelle année
Les vers, les souhaits, les cadeaux
Occupent toute la journée
Et forment de rians tableaux :
Je voudrais, au gré de l'usage,
Vous offrir au moins l'un des trois ;
Mais je crains bien qu'à mon hommage
Ils ne manquent tous à la fois.

Les cadeaux ; ah ! l'on m'en dispense
Par une excellente raison ;
Les vers... mais la reconnaissance
N'est souvent qu'un faible Apollon ;
Des souhaits... eh ! comment leur rendre
Un petit air de nouveauté !
A chaque instant on peut l'entendre,
J'en fais pour ta félicité.

Mais quelle est mon étourderie !
Ah ! vraiment je n'y songeais pas :
Avec honneur, je le parie,
Je sortirai de ce faux pas.
Je trouve en ce moment suprême
Un expédient de bon goût :

C'est d'embrasser { celui / celle } que j'aime

Ce baiser tiendra lieu de tout.

# ÉTRENNES

#### D'UN FILS REPENTANT,

#### A SA MÈRE.

Air : *Jeune et novice encore.*

Que ce jour me présage
D'instans délicieux !
Je lui dois le courage
De m'offrir à tes yeux.
Ah ! d'un regret extrême
Mon cœur est plein, maman
Au coupable qui t'aime,
Grâce, le jour de l'an !

Bien coupable sans doute
Ma mère en t'offensant !
Mais vois ce qu'il m'en coûte
De chagrins, de tourment.
De mon destin ordonne,
Je saurai le remplir...
Mais non, plutôt pardonne ;
Tu vois mon repentir.

Quoi ! tu verses des larmes
Et tu me tends les bras :
Moment rempli de charmes
Que je n'espérais pas !
Sur ton sein tu me presses,
Je renais au bonheur ;
Je sens à tes caresses
Que tu me rends ton cœur.

## A UNE JEUNE PERSONNE,

EN LUI PRÉSENTANT

LE CHANSONNIER DES GRACES.

Air : *Nous sommes précepteurs d'amour.*

Daignez accueillir en ce jour
L'humble tribut de ma tendresse :
Offert aux Grâces par l'Amour,
Je le remets à son adresse.

## A UNE MARRAINE.

Air : *Philis demande son portrait.*

Marraine, en ce moment heureux,
   Au gré de ma tendresse,
Je viens faire entendre les vœux
   Qu'au ciel pour vous j'adresse.
Unique objet de tant de soins
   Pendant toute l'année,
Que je vous en consacre au moins
   La première journée !

## ÉTRENNES D'UN FILS ABSENT,

### A SES PÈRE ET MÈRE.

Air *des compagnons de voyage.*

Votre fils, éloigné de vous,
Pour vous n'a pas moins de tendresse;
Souffrez qu'à ce titre il s'empresse
De remplir un devoir bien doux.

Jadis quand pareille journée
Le retrouvait chez ses parens,
Satisfait de sa destinée, [bis.]
C'était dans leurs embrassemens
Que l'attendait la bonne année. [bis.]

Un seul moyen reste à son choix,
Pour vous adresser son hommage;
C'est d'employer à cet usage
Sa main à défaut de la voix.
Si, dans le tribut légitime
De ses vœux pour votre bonheur,
La raison froisse un peu la rime,
Gardez-vous d'accuser son cœur,
Il sent bien mieux qu'il ne s'exprime.

## ÉTRENNES DIALOGUÉES,

A UNE SOEUR AINÉE.

*N. B.* Les personnages sont une jeune personne âgée de douze à treize ans, et deux garçons de neuf et cinq ans.

LA JEUNE SOEUR.

Fanfan! c'est aujourd'hui que commence l'année;
Sais-tu le compliment qu'à notre sœur aînée

Tu m'as promis de réciter?

LE PLUS JEUNE FRÈRE.

Pas trop.

LE FRÈRE AINÉ.

Je l'ai bien dit : c'était une folie
A toi, ma sœur, que de compter
Sur une tête aussi peu réfléchie.

LA JEUNE SŒUR.

Il le saura bientôt : je vais le répéter.
«Toi qui pour nous as les soins d'une mère,
» Ma sœur, entends la voix de ton plus jeune frère.

LE PLUS JEUNE, *d'un ton de perroquet.*

» De ton plus jeune frère. » Oh! je sais bien cela!

LA JEUNE SŒUR.

» Après le coup affreux qui nous priva d'un père,
Ta main sécha nos pleurs... »

LE PLUS JEUNE FRÈRE.

Tout va bien jusque-là.

LA PLUS JEUNE SŒUR.

«Mon cœur dès ma plus tendre enfance
» Formé par toi, ne peut que te chérir.»

LE PLUS JEUNE FRÈRE, *vivement.*

Je l'aime aussi plus qu'on ne pense;
Mais je ne puis me souvenir
De tous ces grands mots en cadence
Qui me font bâiller à mourir.

LE FRÈRE AINÉ.
Voyez cette tête indocile !
Comment t'y prendras-tu, morveux,
Pour exprimer ton amour et tes vœux ?
LE PLUS JEUNE FRÈRE.
Comment ? Mon frère, c'est facile :
Vers elle je m'avancerai ;
Puis, en deux mots, je lui dirai :
« L'amitié d'une sœur et l'amour d'une mère
En toi se trouvent réunis :
Pour toi j'aurai la tendresse d'un frère
Et le respect d'un fils. »
LA JEUNE SŒUR.
Charmant !
LE FRÈRE AINÉ.
Pour un enfant il se tire d'affaire...
LA JEUNE SŒUR.
On ne peut mieux.
LE PLUS JEUNE FRÈRE.
Allons, frère, à ton tour.
LE FRÈRE AINÉ.
« Peu de talent, beaucoup d'amour ;
Voilà, ma sœur, tout mon partage :
Je voudrais avoir davantage :
Mais de quel don récompenser
Tes soins actifs, ta prévoyance ?
Il n'en est point, et ma reconnaissance
Ne t'offre ici rien qu'un baiser. »

LA JEUNE SŒUR.

« Respect, devoir, amour sincère,
Parfait bonheur, vœux, amitié;
Voilà les mots qu'en ce jour on profère :
Mais le cœur est-il de moitié
Dans ces bruyans hommages de tendresse?
Il est permis d'en douter; et pourtant,
Quand c'est à toi, ma sœur, qu'on les adresse,
L'expression est loin du sentiment.

## A UN PARRAIN, UNE MARRAINE,

ONCLE, TANTE, OU BIENFAITEUR QUELCONQUE.

Air : *Vous m'ordonnez de la brûler.*

Je voudrais dans quelques couplets
   Vous offrir vos étrennes :
Mais en dépit de mes projets
   J'y vais perdre mes peines.
Je voudrais peindre vos bontés,
   Et mon pinceau rebelle
Ne peut de tant de qualités
   Faire un portrait fidèle.

Plus à mes vers je mets d'apprêts,
  Moins ils savent me plaire :
Je détruis le moment d'après
  Le peu que j'ai pu faire.
Ah ! je le sens à la rougeur
  Qui sur mon front s'allume :
Vous êtes bien mieux dans mon cœur
  Que sous ma faible plume !

## SIMPLE HOMMAGE

### DE BONBONS

### A UNE MÈRE DE FAMILLE.

Air : *Dodo ! l'enfant do...*

N. B. Chacun des personnages de ce petit vaudeville aborde la maman avec une bonbonnière ou boîte plus ou moins grande à la main, contenant parmi des bonbons un léger cadeau.

#### L'AINÉ DES GARÇONS.

A la meilleure des mamans
Nous voulions donner des étrennes.
Le père, ainsi que les enfans,
Chacun espère offrir les siennes :

Ton fils aîné prétend surtout
Avoir de quoi flatter ton goût.
  Ils sont [*bis.*] bons
   Goûte, [*bis.*]
  Si tu doutes;
  Ils sont [*bis.*] bons :
   Goûte [*bis.*]
Nos bonbons.

LE PÈRE, *au nom de son plus jeune fils.*

Ton dernier fils vient à son tour;
Et dans ses yeux, si tu sais lire,
Tu n'y verras pas moins d'amour.
De même il a l'air de te dire :
« Puisque vous les aimez sucrés,
» Madame, eh bien ! vous en aurez »

  Ils sont [*bis.*] bons, etc.

### TROISIÈME ENFANT.

Sans y mettre plus de façon,
Comme le gage de mon zèle,
Je t'offre ce petit carton :
En donnant cette bagatelle,
Le cœur exempt de tout chagrin,
Je répète notre refrain :

  Ils sont [*bis.*] bons, etc.

LA FILLE AÎNÉE.

Tu n'accueilleras pas moins bien
La boîte de ta fille aînée ;
Elle est petite ; mais un rien
Plaît le premier jour de l'année.
Elle en contient de vingt façons :
Rose (1), blancs, verds, longs, carrés, ronds ;

 Ils sont, etc.

  LE PÈRE, *en son nom.*

Madame attend de son époux
Sans doute quelque boîte encore.
La voici : par bonheur pour nous,
Ce n'est pas celle de Pandore.
En l'ouvrant tu vas, sous les yeux,
Avoir ce que j'aime le mieux ; (2)
 Ils sont [*bis.*] bons :
  Goûte, [*bis.*]
 Si tu doutes ;
 Ils sont, ils sont bons :
  Goûte [*bis.*]
 Nos bonbons.

---

(1) Parmi des bonbons de toute couleur on peut cacher une rose (pierre fine) montée sur une épingle ou bague.

(2) C'est une boîte à ouvrage ornée d'une glace.

# ÉTRENNES

D'APRÈS NATURE.

A UNE PERSONNE BIEN CHÈRE.

Air : *Toujours seule, disait Nina.*

Au jour de l'an je veux tracer
   Votre image si chère.
En trois vers je puis l'esquisser :
   Bon ami, tendre père,
Excellent frère, aimable époux,
Un peu vif, et pourtant fort doux...
     A ce trait-là
     Chacun dira :
     Oui, c'est cela ;
     Le voilà
       Là !

## L'HOMMAGE DU CŒUR.

Je désirais, pour la nouvelle année,
Vous régaler d'un petit compliment ;
   Mais, hélas ! maladroitement,
   Je comptais dans cette journée

Sur mon esprit : j'en ai si peu,
Que j'ai tout net manqué ma tâche.
Vous jugez si cela me fâche !
Mais quelqu'un d'habile à ce jeu,
Pour m'apaiser m'a mis en tête
Qu'en pareil cas l'esprit n'est qu'une bête,
Et que de tout le cœur peut tenir lieu.
Nul obstacle alors ne m'arrête :
Entre nous, s'il en est ainsi,
Je crois que mon affaire est bonne ;
Car en fait de cœur, Dieu merci !
Quand il s'agit de vous, je ne crains plus personne.

## A UN AMI ou AMIE.

Air : *J'ai perdu mon âne.*

Un' nouvelle année     [ *bis.* ]
C' matin nous est née ;     [ *bis.* ]
Et je viens, pour la fêter,
Avec toi rire et chanter
La nouvelle année.     [ *bis.* ]

La nouvelle année
Sera fortunée :
Car je vais par t'embrasser
Dès le matin commencer
La nouvelle année.

## DON D'UNE TABATIÈRE,

PAR UN FILS OU UNE FILLE. (1)

Air *de la pipe de tabac.*

Le jour de l'an, à ce qu'on aime
Veut-on faire un cadeau flatteur,
Il faut, avec un soin extrême,
Consulter ses goûts, son humeur.
Instruit par mon amour sincère,
Encor mieux que par l'almanach,
J'offre à { papa / maman } la tabatière,
Puisque { papa / maman } prend du tabac.

Mais sur une offrande mod*este*
Un modeste orneme*nt* nous plaît,
Et du seul e*rgent* qui lui reste
J'y fais encadrer le portrait.

---

(1) De légers changemens rendraient ces couplets propres à être chantés à un parrain, à un bienfaiteur, etc.

Dans cette boîte, je le gage,
Papa } dont je connais le cœur,
Maman }
En y contemplant mon image,
Trouvera le tabac meilleur.

## ÉTRENNES CONJUGALES.

Air : *Trouverez-vous un parlement.*

L'an passé les nœuds les plus doux
Ont fixé notre destinée :
Il ne tient sans doute qu'à nous
D'embellir la nouvelle année
Au gré des immuables lois
Que dictèrent les dieux propices.
Que celle-ci, pour toi, pour moi,
S'ouvre sous les plus doux auspices !

De grâce, que ton premier mot
Soit aujourd'hui le verbe j'*aime* :
A ce doux appel aussitôt
Ma bouche répondra de même ;
Ainsi prolongeant nos beaux jours,
Du temps la course fortunée
Renouvellera nos amours,
En renouvelant chaque année.

## MON SEUL DÉSIR

#### AU JOUR DE L'AN.

Ne t'étonne pas, ô ma mère,
Si dans ce jour du nouvel an
Je ne viens pas te faire un compliment.
Cet usage entre nous n'est pas très-nécessaire.
Tous les matins tu daignes me bénir ;
Tous les matins sur mon cœur je te presse :
Quand de maman j'obtiens une caresse,
Mon cœur ne peut former aucun autre désir.

## BOUQUET DE FAMILLE.

Air *du haut en bas.*

##### L'AINÉ DES ENFANS.

Pour tes enfans,
Cher papa, la belle journée !
A tes enfans
Qu'elle promet d'heureux instans !
Celle qui commence l'année
Ne peut être que fortunée
Pour tes enfans.

Te bien aimer
Est pour nous le bonheur suprême ;
Te bien aimer
Est tout ce qui peut nous charmer :
Nous n'avons pas d'autre système,
Et nous voulons toujours de même
Te bien aimer.

TOUS ENSEMBLE.

Mon petit cœur
Veut aujourd'hui faire des siennes :
Mon petit cœur
Rêve, au jour de l'an, le bonheur.
Je n'aurais pas perdu nos peines,
Si tu reçois pour tes étrennes
Mon petit cœur.

# COMPLIMENT

ARITHMÉTIQUE,

A UN MAITRE DE PENSION.

Devant vous campé fièrement,
Non, je ne viendrai pas vous faire
Le lourd récit d'un compliment
Auquel jamais on ne croit guère :

Je viens vous prier seulement
De songer, depuis ma naissance,
Que de secours à mon enfance
Vous avez toujours prodigués :
Notez votre aimable indulgence,
Vos leçons, vos soins empressés
Et vos talens...; puis balancez
Le tout par ma reconnaissance,
Vous n'en mettrez jamais assez.

## A MAMAN.

Air : *Jeune et novice encore.*

Pleins de reconnaissance
Des soins que chaque jour
A notre faible enfance
Prodigue ton amour,
L'aurore à peine brille,
Que nous venons, maman,
Célébrer en famille
Le premier jour de l'an.

N'attends rien, bonne mère,
De mes sœurs ni de moi :
Nous n'aurions pu te faire
Un don digne de toi.

Nous t'offrons pour hommage
Des cœurs affectueux,
Bien sûres qu'un tel gage
Te plaira beaucoup mieux.

Au nom de ta famille,
Dans cet heureux moment,
Lorsque ta tendre fille
T'adresse un compliment,
Garde-toi bien de rire
Si les vers sont mauvais :
Quand le cœur les inspire,
Ils sont toujours bien faits.

## COMPLIMENT D'UNE FILLEULE.

Air : *Tout le long, le long*, etc.

Pour mon bonheur, mon cher parrain,
Le jour de l'an renaît enfin :
Je viens le fêter la première,
Et dans un compliment te faire
L'hommage de mes sentimens
Les plus parfaits, les plus constans.
Oui, j'exprime en cette journée
Ce que sent mon cœur pendant toute l'année;
Ce que mon cœur sent toute l'année.

Pour dire que l'on t'aime bien
L'éloquence n'est bonne à rien,
Mon cher parrain, la chose est sûre :
Un mot dicté par la nature,
Un petit mot qui part de là (1)
Vaut mieux que tout un opéra.
Et je sais bien que le parrain que j'aime
Est toujours pour moi d'un indulgence extrême;
Est pour moi d'une indulgence extrême.

## A UNE BIENFAITRICE.

Au nouvel an s'étrenner est d'usage ;
   Mais c'est toujours même langage :
   Des souhaits cent fois rebattus,
   Des complimens... bien peu sincères,
   Auxquels aussi l'on ne croit guères;
   Des embrassades tant et plus :
   Dans l'âge heureux de l'innocence,
   J'ignore ces lâches détours ;
Feindre n'est pas le propre de l'enfance,
   Et la candeur l'accompagne toujours :

---

(1) Montrant son cœur.

Aussi c'est elle qui m'inspire
Les vœux que je forme pour vous.
Oh! madame, acceptez-les tous :
C'est m'étrenner comme je le désire.

## LES PLAISIRS DE LA NOUVELLE ANNÉE,

RONDE,

A UNE MÈRE DE FAMILLE.

-Air : *Quand trois poules sont au champ.*

Êt'-vous d' n'ôtre avis, maman ?
    D'une année
    Fortunée...
Êt'-vous d' notre avis, maman ?
L' plus biau jour, c'est l' jour de l'an.

CHOEUR.

Êt'-vous d' notre avis, maman ? etc.

    En famille, sans grimace,
D' part et d'autre l'on s'embrasse.

CHOEUR.

Êt' vous d' notre avis, maman ? etc.

    D'une voix affectueuse,
On vous la souhaite heureuse.

CHOEUR.

Êt'-vous d' notre avis, maman ? etc.

Sans r'gretter argent ni peines,
On se donne des étrennes.
### CHOEUR.
Êt'-vous d' notre avis, maman? etc.
Et, pour finir la séance,
A s'embrasser l'on r'commence.
### CHOEUR.
Êt'-vous d' notre avis, maman?
D'une année
Fortunée...
Êt'-vous d' notre avis, maman?
L' plus biau jour, c'est l' jour de l'an!!!

## A UNE BIENFAITRICE.

Air : *C'est à mon maître en l'art de plaire.*

Quand, près de notre *bonne amie*,
Je vois renaître un jour si beau,
Je voudrais avoir le génie
D'un grand Voltaire, ou de Rousseau (1) :
D'une voix un peu moins tremblante,
Je pourrais, comme je le doi,

Chanter la femme bienfaisante
Dont les bontés sont tout pour moi.

---

(1) Le lyrique.

Ce qui fait chérir sa personne
N'est pas un sordide intérêt:
L'air gracieux dont elle donne
Nous touche plus que son bienfait.
Mille charmes brillent en elle ;
Mais, malgré ce don enchanteur,
Ses attraits la rendent moins belle
Que les qualités de son cœur.

Ah ! si pour notre *bonne amie*
Le ciel daigne exaucer nos vœux,
Elle verra toute sa vie
Être un tissu de jours heureux !
Qui pourrait mieux qu'elle y prétendre?
Si, comme l'a dit un auteur :
*Le bonheur est de le répandre,*
Que manque-t-il à son bonheur?

## ÉTRENNES EN CHANSONS.

Air : *Un soir dans la forêt prochaine.*

Au nouvel an chacun désire
De se conformer à tes vœux :
Ce sont des chansons que tu veux :
Je viens donc d'accorder ma lyre.

Mais si je retrace les dons
Que t'a prodigués la nature,
Nul ne voudra, je te le jure,
Prendre cela pour des chansons.

Si je dis combien je t'aime;
Si ma voix, avec tes bienfaits,
De tous les heureux que tu fais
Peint la reconnaissance extrême,
J'en demande mille pardons
A ton aimable modestie;
Mais on ne pourrait, sans folie,
Prendre cela pour des chansons.

Dans mes chants enfin si j'exprime
Les vœux que je forme pour toi,
Les transports que font naître en moi
La reconnaissance et l'estime;
Quand je dirais sur tous les tons,
Qu'à te fêter je mets ma gloire,
Ah! garde-toi, surtout, de croire
Que tout cela soit des chansons!

# NOUS SOMMES BONS LA,

BOUQUET A UN BIENFAITEUR.

ÉTRENNES EN CHOEUR.

Air du vaudeville *des deux Edmond.*

S'il faut auprès de l'opulence,
Pour une affaire d'importance,
Diriger humblement mes pas,
 Je n'en suis pas.

EN CHOEUR.

 Je n'en suis pas.
Faut-il en famille, au contraire,
Célébrer un anniversaire,
Jour de l'an, fête, et cœtera?
 Je suis toujours bon là.

EN CHOEUR.

Nous sommes tous bons là. [*ter.*]
S'il faut, pour avoir une place,
Faire une courbette ou grimace,
Qu'un noble cœur dément tout bas,
 Je n'en suis pas;

EN CHOEUR.

Je n'en suis pas.
Mais au bienfaiteur qu'on révère,
Pour exprimer d'un ton sincère
Ce que sans cesse il m'inspira,
Je suis toujours bon là.

EN CHOEUR.

Nous sommes tous bons là.

S'il faut joindre au plus pur hommage
Légers cadeaux, selon l'usage :
Trahi par la fortune, hélas !
Je n'en suis pas. [*bis*.]
Mais si l'on veut mainte caresse,
Des vœux dictés par la tendresse,
Beaucoup de zèle... me voilà !
Je suis toujours bon là.

EN CHOEUR.

Nous sommes tous bons là !!!

# COMPLIMENS
## EN PROSE.

## AU GRAND-PAPA,
### ou
## A LA GRAND'-MAMAN.

Mon cher bon-papa,

Je vois donc enfin luire l'heureux jour qui commence une nouvelle année. Depuis bien long-temps je comptais ceux qui l'ont précédé, et mon impatience m'aurait presque persuadé que jamais je n'arriverais jusque-là. A force de compter cependant, j'y suis parvenu, et je m'empresse d'en profiter pour vous offrir l'hommage annuel de ma tendresse et de ma reconnaissance. Je sais bien que chaque jour j'en fais autant et d'aussi bon cœur; mais il semble que la solennité de cette époque ajoute encore au plaisir que j'éprouve en vous redisant sans cesse une même chose. Rien ne manquera à mon bonheur, si vous daignez écouter favorablement les vœux que je forme pour le vôtre, et les récompenser par de tendres embrassemens.

Mon cher bon-papa,

Est-ce un songe, une illusion passagère? est-il possible que je jouisse encore une fois du plaisir de me retrouver entre vos bras? plaisir trop rare, puisqu'il se renouvelle à peine quatre fois dans une année. Heureux par vos bienfaits, permettez-moi de vous offrir l'hommage de ma reconnaissance; et croyez que si le ciel daigne exaucer mes humbles souhaits, il écartera de vous toutes les infortunes, et vous comblera de tous ses dons.

Mon cher bon-papa,

Lorsqu'au renouvellement de l'année je viens vous offrir en tribut mes respects et mon amour, daignez croire que je suis guidée par la reconnaissance, et non par un servile usage. Vous n'ignorez pas que vous possédez mon cœur tout entier : j'ai voulu vous en donner une image bien imparfaite en vous présentant celui-ci, qu'une main habile a formé de la substance la plus douce (*l'enfant offre un cœur en sucre*) : daignez en agréer l'hommage ; et puissé-je encore, après de longues années, vous présenter celui des tendres sentimens que vous ne cesserez de m'inspirer tout le temps de ma vie.

MA CHÈRE BONNE-MAMAN,

J'étais bien embarrassé pour vous offrir dans cette heureuse journée un faible gage des sentimens que m'inspirent et la nature et vos bontés pour moi. Enfin, après y avoir bien réfléchi, j'ai cru que vous ne trouveriez pas indigne de vous l'hommage que j'ose vous présenter : ce sont les prix que l'indulgence de mes maîtres a bien voulu m'accorder à titre d'encouragement sans doute ; acceptez-les, maman ; ils vous retraceront sans cesse les efforts que je fais pour m'instruire ; ils vous diront que ces efforts eux-mêmes sont soutenus par un extrême désir de mériter la continuation de vos bontés.

### Ma bonne-maman,

Je ne sais (mon cher bon-papa ou ma bonne-maman) comment vous exprimer tout ce que m'inspire cette heureuse journée. Je voudrais vous rendre grâces pour tous les bienfaits dont vous comblez mon enfance ; je voudrais vous faire entendre les vœux qui, du plus profond de mon cœur, s'élèvent pour vous jusqu'au pied du trône de l'Éternel, mais, ô disgrâce, la parole expire sur mes lèvres ; et tout ce que je puis vous dire, c'est qu'à dater de ce jour je veux consacrer ma vie à vous chérir et à vous respecter comme vous le méritez à tant de titres.

### Mon cher bon-papa,

Mon unique pensée de chaque jour se reporte sans cesse sur les bontés que vous avez toujours eues pour moi ; mais c'est surtout dans cette journée, consacrée de tout temps à l'expression des sentimens les plus tendres, que cette pensée se renouvelle, et semble redoubler la force de ma reconnaissance et de mon amour. Ah ! faut-il que dans une si belle occasion les paroles me manquent pour retracer tout ce que vous m'inspirez ? Mais, que dis-je ? à défaut de paroles, mes embrassemens vous peindront ce que j'éprouve ; et vous n'élèverez aucun doute ni sur mes sentimens, ni sur la sincérité des vœux que je forme pour votre bonheur.

A

## DES PÈRE ET MÈRE.

QUE pourrais-je vous dire, mon cher papa et ma chère maman, pour vous exprimer le plaisir que j'éprouve dans cette heureuse journée. Chaque fois qu'elle renaît, l'âge que j'acquiers me rend plus capable de sentir tout ce que je vous dois ; mais il ne saurait ajouter à ma gratitude ni à mon amour : tout petit que j'étais ces deux sentimens ont toujours rempli mon cœur ; et, dans aucun instant de ma vie, je n'ai cessé de former les vœux les plus sincères pour que mes bons parens jouissent de toute la félicité que méritent si bien leurs vertus et leurs bontés pour moi.

MA CHÈRE MAMAN,

Permettez-moi, dans ce jour solennel, de m'acquitter d'un devoir bien cher à mon cœur, et de vous présenter l'hommage respectueux de mon amour et de ma reconnaissance. Je ne sais que trop combien de fois j'ai mal payé l'excès de vos bontés ; mais croyez, ma chère maman, que c'est en quelque sorte malgré moi que je me laisse entraîner à des actions qui peuvent vous déplaire. Comptez que je ferai désormais tout ce qui dépendra de moi pour éviter un semblable malheur, et que vous verrez toujours en moi un fils aussi soumis que tendre et reconnaissant.

MON CHER PAPA ET MA CHÈRE MAMAN,

Contens de ma conduite et de mon assiduité, mes maîtres m'ont permis de passer entre vos bras les premiers jours de cette année. Combien je m'applaudis d'avoir montré quelque zèle, et beaucoup d'exactitude à remplir mes devoirs. Ah! croyez que je vais puiser une nouvelle ardeur dans cette heureuse visite à des parens que je chéris. Après vous avoir embrassé comme je vous aime, et vous avoir souhaité toute la félicité dont vous êtes si dignes, je retournerai dans quelques jours à ma pension, sinon sans regrets, du moins avec une inébranlable résolution de mériter votre tendresse par un redoublement d'efforts et d'assiduité.

MON CHER PAPA,

Un usage bien respectable sans doute, puisqu'il est fondé sur l'amour et la reconnaissance, m'autorise à vous exprimer les vœux que je forme pour votre bonheur aujourd'hui et dans tous les instans de ma vie.

Vous savez mieux que personne combien ces vœux doivent être sincères. Ah! conservez-moi vos soins généreux, et surtout cette amitié si tendre à laquelle je dois tout mon bonheur; et vous verrez si votre fils est capable d'en abuser.

~~~~~~

MA CHÈRE MAMAN,

Je devais, mon cher papa (ou ma chère maman), avoir le plaisir de passer auprès de vous les premiers jours de l'année qui va commencer demain; mais, grâce à ma mauvaise tête, je me trouve retenu à la pension, et privé pour long-temps des douces jouissances que me promettait ce séjour si délicieux. Il faut que je vous dise toute la vérité, car agir autrement ce serait aggraver ma faute. Oui, j'en ai commis une dont heureusement on ne saurait accuser mon cœur. Je m'en repens bien sincèrement, et j'espère qu'en faveur de mes regrets vous daignerez me pardonner, et accueillir dans ce jour, qui devrait être si heureux pour moi, les vœux que m'inspirent le plus tendre amour et le respect le plus sincère.

MON CHER PAPA,

Tandis que de vils flatteurs prodiguent de toutes parts les complimens et les hommages, nous venons tout bonnement présenter à notre mère les vœux de la tendresse et du respect. Nous ne les exprimerons pas avec éloquence ; mais ils seront sincères, et pour vous comme pour nous cela n'en ira que mieux.

Nous avons réuni tous les efforts de notre imagination pour assortir le léger présent que nous vous destinions, à votre caractère et à vos goûts. Heureux si nous avons réussi ! Mais, dans le cas contraire, nous saurions nous en consoler, en songeant que sans doute vous daignerez considérer bien moins le cadeau en lui-même que le zèle pur et sincère qui nous en a dicté le choix.

A

## UN ONCLE ou UNE TANTE.

Si de vaines paroles pouvaient exprimer des sentimens bien réels et bien profondément gravés dans mon cœur, quel beau compliment vous réciterait le neveu le plus tendre et le plus reconnaissant! Mais, mon cher oncle (ou ma chère tante), que vous dirais-je dont vous ne soyez à l'avance bien intimement persuadé (ou persuadée)? que je vous aime de toute mon âme; que ma reconnaissance ne connaît point de bornes; que je forme des vœux pour que vous jouissiez d'un bonheur inaltérable? Ah! sans doute ces mots, si bien arrangés qu'ils pussent être, ne vous apprendraient rien de neuf; et vous devez trop bien connaître les obligations sans nombre qui m'attachent à vous, pour douter un moment de ma sincérité.

MA CHÈRE TANTE,

Permettez-moi de vous exprimer, au commencement de cette année, les vœux ardens que je forme pour votre bonheur. Rien ne vous manquera, vous n'éprouverez jamais la moindre contrariété, s'ils sont accomplis. Vous ne savez pas l'idée qui me passe quelquefois par la tête? Charmé des bontés que vous me témoignez sans cesse, et de la manière aimable dont vous vous prêtez à mes jeux ingénus, je forme parfois le désir de rester à l'âge où je suis. Mais non ; j'aime bien mieux grandir le plus promptement possible, pour vous prodiguer des soins à mon tour, et pour être le bâton de votre heureuse vieillesse.

## A DES PARRAIN ou MARRAINE.

Mon cher parrain,

Lorsque le ciel me lança dans ce monde, les circonstances m'étaient si peu favorables, que mes parens redoutaient pour moi tous les malheurs attachés à la vie humaine. Vous daignâtes changer mon sort, et pour premier bienfait, m'honorer de votre nom. Peu content de cette preuve de bienveillance, d'année en année, de jour en jour, vous continuâtes de me combler de vos bontés ; vos soins pour moi redoublèrent à mesure que j'avançais dans la carrière épineuse de la vie,

Enfin me voici parvenu à l'âge où le cœur sait reconnaître les bienfaits dont l'instinct seul lui avait jusque-là donné un faible indice. Recevez au commencement de cette année les prémices de ma reconnaissance, et les vœux sincères que je forme pour que rien ne manque à votre félicité.

---

MON CHER PARRAIN,

Comblé de vos bienfaits depuis les premiers momens de mon existence, je ne sais comment exprimer les sentimens que m'inspirent tant de bontés. Ah! puissent vos vertus trouver dans cette vie la récompense qu'elles méritent; un bonheur pur et sans nuage! Tels sont les vœux que forme pour vous le filleul le plus tendre et le plus respectueux.

---

MA CHÈRE MARRAINE,

Jamais je ne goûte de plaisir plus parfait que lorsque j'obtiens la permission, hélas! bien rare, de vous rendre visite. On ne pouvait pas me la refuser cette permission si long-temps désirée. Aussi n'ai-je pas besoin de vous dire avec quel empressement j'en ai profité. Je volais plutôt que je n'accourais dans vos bras, bien sûr qu'un embrassement reçu de vous à une semblable époque était un gage certain de bonheur pour tout le reste de l'année.

MA CHÈRE MARRAINE,

COMBIEN le jour de l'an me promet de sensations agréables; il me ramène auprès d'une marraine chérie, pour lui dire que je l'aime et que je l'aimerai toujours. D'autres s'exprimeraient sans doute avec plus d'éloquence, mais ils ne sauraient y mettre plus de sincérité que moi.

Daignez donc, ô ma chère marraine, accueillir mon hommage, aussi désintéressé que naïf. Je voudrais y joindre des vœux qui ne seraient pas moins sincères; mais peut-on souhaiter le bonheur à celle qui le répand autour d'elle à pleines mains ?

FIN.

www.ingramcontent.com/pod-product-compliance
Lightning Source LLC
LaVergne TN
LVHW051506090426
835512LV00010B/2370